ກິລາກະຕໍ້

โดย ລິຕາ ບຸດຕາເທບ
ຮູບโดย โจอาบ ກາล เຊກูลา

Library For All Ltd.

ກິລາກະຕ໌

ພິມຄັ້ງທຳອິດ 2021

ຈັດພິມໂດຍ: ອົງການ Library For All
ອີເມວ: info@libraryforall.org
URL: libraryforall.org

ປຶ້ມເຫຼັ້ມນີ້ ຖືກສະໜັບສະໜູນໂດຍ ໂຄງການເພື່ອການຮ່ວມມືການສຶກສາ (Education Cooperation Program).

ຮູບແຕ້ມຕົ້ນສະບັບໂດຍ ໂຈອານ ກາລ໌ ເຊກູລາ

ກິລາກະຕ໌
ລິຕ້າ ບຸດຕາເທບ
ISBN: 978-9932-00-377-8
SKU02614

ກິລາກະຕໍ້

ພວກເຮົາ ຫຼິ້ນກະຕ້.

ໝາກກະຕໍ້ ເປັນທວາຍ.

ພວກເຮົາ ມີສອງທີມ.

ກິມກິ່ມີ ສອງຄົນ ແມ່ນ ກິມຄູ່.

ທິມທີ່ມີ ສາມຄົນ ແມ່ນ ທິມຍ່ອ.

ກິມກິ່ງ ສ້ຽນ ແມ່ນ ກິນສ້ຽນ.

ຂ້ອຍ ໂດດ.

ຂ້ອຍ ຕິລັງກາ.

ຂ້ອຍ ບໍ່ໃຊ້ມື.

ຂ້ອຍໃຊ້ຕີນ.

ຂ້ອຍໃຊ້ຫົວ.

ຂ້ອຍໃຊ້ທິວເຂົາ.

ກິລາກະຕໍ້ ມ່ວນທຼາຍ.

ຂໍ້ມູນທາງບັນນາບຸກົມຂອງຫໍສະໝຸດແຫ່ງຊາດ

ລິຕາ ບຸດຕາເຫບ
ພິລາພະຕົ້ 1 / ໂດຍ ລິຕາ ບຸດຕາເຫບ. -- ວຽງຈັນ, 2021
27 ໜ້າ : ພາບປະກອບສີ ; 21 ຊມ
1. ວັນນະກຳສຳລັບເດັກ
I. ຊື່ເລື່ອງ
808.068 -- dc21
ເລກທະບຽນພິມຈຳໜ່າຍ: ຕາມທບ134ວພຈ 23082021
ISBN 978-9932-00-377-8

ເຈົ້າສາມາດໃຊ້ຄຳຖາມດັ່ງລຸ່ມນີ້ເພື່ອ ສືບທະບາກ່ຽວກັບເລື່ອງທີ່ອ່ານກັບ ຄອບຄົວ, ໝູ່ ແລະ ຄູອາຈານ.

ເຈົ້າໄດ້ຮຽນຮູ້ຫຍັງຈາກເລື່ອງນີ້?

ຈົ່ງອະທິບາຍເລື່ອງນີ້ ໂດຍໃຊ້ຄຳບັນຍາຍ 1ຄຳ. ຕະຫຼົກ? ຢ້ານ? ມ່ສິສັນ? ໜ້າສົນໃຈ?

ເມື່ອອ່ານຈົບແລ້ວ, ເລື່ອງນີ້ໃຫ້ຄວາມຮູ້ສຶກຫຍັງແດ່?

ໃນເລື່ອງນີ້, ເຈົ້າມັກສິ່ງໃດຫຼາຍທີ່ສຸດ?

ດາວໂລດແອັບ
getlibraryforall.org

ກ່ຽວກັບຜູ້ປະກອບສ່ວນ

Library For All ເຮັດວຽກຮ່ວມມືກັບນັກຂຽນ ແລະ ນັກແຕ້ມ ທົ່ວ ໂລກເພື່ອສ້າງເລື່ອງທີ່ຫຼາກຫຼາຍ, ມີຄຸນນະພາບສູງໃຫ້ກັບຜູ້ ອ່ານໂຕນ້ອຍ. ທຸກຄົນສາມາດເຂົ້າໄປ ເວັບໄຊ libraryforall.org ເພື່ອຮູ້ຂ່າວຫຼ້າສຸດ ກ່ຽວກັບກິດຈະກຳຝຶກອົບຮົມນັກຂຽນ, ຄູ່ມືຕ່າງໆ ແລະ ໂອກາດສ້າງສັບອື່ນໆ.

ປື້ມທົ່ວນີ້ມ່ອນບໍ່?

ພວກເຮົາມີປື້ມຫຼາຍຮ້ອຍຫົວໃຫ້ເລືອກອ່ານ.

ພວກເຮົາຮ່ວມມືກັບນັກຂຽນ, ຢ່າງຊານດ້ານການສຶກສາ, ທີ່ປຶກສາທາງດ້ານວັດທະນະທຳ, ລັດຖະບານ ແລະ ອົງກອນທີ່ບໍ່ຂຶ້ນກັບລັດຖະບານ ເພື່ອນຳຄວາມເພີດເພີນ ໃນການ ອ່ານໃຫ້ກັບເດັກນ້ອຍທົ່ວທຸກແຫ່ງ.

ຮູ້ບໍ່?

ພວກເຮົາສ້າງການປ່ຽນແປງທີ່ດີໃນຊົງເຂດນີ້ ໂດຍປະຕິບັດ ເປົ້າໝາຍ ການພັດທະນາແບບຍືນຍົງຂອງສະຫະປະຊາຊາດ.

libraryforall.org